Si vous avez eu l'occasion de côtoyer la corporation des marchands de bestiaux et les petits restaurants proches des abattoirs, vous avez peut-être apprécié, parmi ces gens qui travaillent très tôt le matin, l'heure du déjeuner tout spécialement préparé avec des "abats" : gras doubles persillés, tripes cuisinées selon les modes régionales, andouillettes, rognons rouges, rognons blancs dont la saveur, relevée savamment des plus fines herbes, est délicieuse au palais.

Les recettes de ces mets sont appréciables. Vous les trouverez dans ce recueil. Vous pourrez ainsi les réaliser chez vous avec des produits que vous saurez choisir très frais et d'excellente qualité. Vous aurez, il est vrai, l'occasion de faire une petite entorse à votre régime mais elle en vaut la peine.

ABATTIS : Tous les morceaux secondaires de la volaille : le cou, les ailerons, la tête, les pattes, le gésier, le cœur et le foie ainsi que la crête et les rognons du coq.

AMOURETTE : C'est la mœlle épinière du mouton, du veau ou du bœuf. S'utilise comme la cervelle ou comme élément de garniture (bouchée, timbale).

ANDOUILLETTE : C'est une charcuterie essentiellement préparée à base d'intestin de porc. On y ajoute souvent de l'estomac de porc et de la fraise de veau.

BOUDIN BLANC : C'est un boudin préparé avec du lait, du pain, de la farce de viande blanche, de la farine et des œufs.

BOUDIN NOIR : C'est un boyau rempli d'une préparation faite principalement de sang et de graisse de porc assaisonnés.

CERVELLE : Toutes sont utilisées en cuisine. Cependant, les cervelles de mouton, d'agneau et de veau sont les meilleures. Celles de porc sont rarement utilisées et celles de bœuf servent surtout pour les garnitures.

CŒUR : Il doit être bien ferme et très rouge. Il faut le nettoyer soigneusement, voire le laisser tremper quelques heures.

FOIE : On utilise aussi bien ceux des animaux de boucherie que ceux des volailles. Le foie de veau, mœlleux et savoureux, et le foie blond de poularde, sont les plus fins. Le foie de porc n'est pratiquement utilisé qu'en charcuterie.

FRAISE : C'est la membrane qui enveloppe les intestins du veau. Elle doit être blanche et ferme à l'achat.

FRESSURE : On appelle *fressure* l'ensemble des viscères d'un animal (cœur, rate, foie et poumons).

GRAS DOUBLE : Il est constitué par les parties les plus grasses de l'estomac de bœuf. Il est servi le plus souvent bien relevé.

LANGUE : La meilleure est celle du veau. De surcroît elle est la plus rapide à cuire.

MUSEAU : On trouve essentiellement celui du bœuf et du porc. Il est surtout utilisé pour la charcuterie (salaisons, fromage de tête).

PIEDS : Les pieds de veau sont utilisés pour la gélatine, ceux de mouton, d'agneau et de porc sont délicieux désossés, farcis, grillés ou frits.

RIS : C'est le thymus du veau ou de l'agneau, placé sous la gorge qui disparaît à l'âge adulte et dont on ne consomme que la noix.

ROGNONS BLANCS : Appelés aussi *animelles*. Ce sont les testicules des animaux de boucherie, essentiellement de l'agneau, du bélier et du taureau. On peut les servir en salade ou accommodés comme des rognons.

ROGNONS : Ce sont les reins des animaux de boucherie. Ceux du porc et du mouton sont en forme de haricot alors que ceux du veau et du bœuf, plus gros, sont formés de plusieurs lobes. Il faut toujours retirer, avant de les préparer, la pellicule transparente qui les entoure ainsi que la partie grasse du centre.

TRIPES : Elles sont faites avec l'estomac des ruminants : le bœuf, le veau ou le mouton. Parfois, suivant les régions, elles contiennent également des pieds de porc, de bœuf, ou de la tête de porc.

Potage aux abattis de poulet

Prép. : 30 mn. Cuiss. : 1 h. 30 mn.
4 pers.

Les abattis de 2 poulets / 1 l. d'eau / Sel / Poivre / Bouquet garni / 4 carottes / 1 blanc de poireau / 1 branche de céleri / 1 oignon / 1 gousse d'ail / 40 g. de beurre / 2 cuil. à soupe de crème fraîche.

Nettoyer et couper en petits cubes tous les légumes et condiments. Faire revenir doucement au beurre. Ajouter les abattis. Laisser revenir pendant quelques minutes. Recouvrir d'eau froide. Saler et poivrer. Ajouter le bouquet garni et faire cuire doucement 1 heure et demie.

Retirer les pattes, les ailerons et le bouquet garni. Découper en lamelles le gésier et le cœur. Cuire le foie. Passer le tout au mixer.

Mettre la crème dans une soupière et verser le bouillon dessus. Servir immédiatement.

Abattis sauce chasseur

Prép. : 30 mn. Cuiss. : 40 mn.
4 pers.

1 kg. d'abattis de volaille / 3 cuil. à soupe de beurre / 3 cuil. à soupe d'huile / 200 g. de champignons de Paris coupés en fines lamelles / 4 échalotes finement hachées / Sel / Poivre / 1 cuil. à soupe de persil haché / 1 cuil. à soupe de cerfeuil haché / 1 petite branche d'estragon / 25 cl. de sauce tomate bien relevée / 15 cl. de vin blanc sec.

Nettoyer et essuyer les abattis. Les couper en morceaux et les assaisonner.

Dans une poêle à fond épais, faire chauffer le beurre et l'huile. Y faire rissoler les abattis en remuant. Les égoutter et les tenir au chaud.

A leur place, faire revenir les champignons et les échalotes. Laisser dorer. Ajouter le vin. Remuer. Ajouter la sauce tomate. Laisser chauffer. Ajouter les abattis et finir la cuisson à feu très doux.

Rectifier éventuellement l'assaisonnement et ajouter le persil, le cerfeuil et l'estragon haché.

Abattis de volaille à la crème

Prép. : 30 mn. Cuiss. : 40 mn.
4 pers.

1 kg. d'abattis de volaille / 2 gros oignons / Sel / Poivre / 200 g. de champignons de Paris / Le jus d'1/2 citron / 2 cuil. à soupe de moutarde / 200 g. de crème fraîche / 1 cuil. à soupe de persil haché / Beurre / 3 dl. de bouillon.

Nettoyer les abattis. Les laver très vite et les essuyer.

Eplucher et hacher finement les oignons. Délayer la crème avec la moutarde.

Nettoyer et couper les champignons. Les mettre dans une petite casserole avec le jus de citron. Saler, poivrer. Ajouter 1 cuillerée de beurre. Laisser mijoter à feu doux.

Faire blondir les abattis au beurre. Ajouter les oignons hachés. Les laisser fondre sans cesser de remuer. Lorsque le tout est bien coloré, ajouter le bouillon. Assaisonner. Laisser cuire à feu très doux 25 minutes.

Ajouter les champignons, le mélange moutarde-crème. Laisser encore 5 minutes sur le feu puis ajouter le persil haché. Servir immédiatement.

Cou d'oie farci au foie gras

Prép. : 50 mn. Cuiss. : 1 h.
Repos : 12 h. - 2 pers.

1 cou d'oie désossé / 1 petit foie d'oie / 1,5 dl. de lait / 30 g. de beurre / 1 oignon / 50 g. de mie de pain rassise / 200 g. d'échine de porc / 125 g. de poitrine fraîche / 1 cuil. à soupe de persil haché / Sel / Poivre / 1 dl. de madère.

Faire tremper le foie dans le lait 12 heures environ. L'éponger. Le faire cuire doucement à couvert, dans 15 g. de beurre, sans le faire dorer, jusqu'à ce qu'en le piquant apparaisse une perle de jus à peine rosé, soit environ 15 minutes.

Mettre le pain à tremper dans le lait. L'égoutter et l'écraser. Faire revenir l'oignon haché dans le beurre. Hacher le porc, la poitrine et le foie cuit. Mélanger avec le pain, les oignons, le persil, le sel, le poivre et le madère.

Détacher la peau du cou de l'oie sans la fendre. La retourner puis la remettre à l'endroit. Coudre une extrémité. Glisser la farce à l'intérieur sans trop tasser. Lier solidement. Percer par endroits. Démarrer la cuisson à l'eau froide et laisser mijoter 1 heure. Egoutter.

Servir chaud ou froid.

Cou d'oie au jambon et au foie gras

Prép. : 30 mn. Cuiss. : 1 h.
2 pers.

1 cou d'oie / 1 escalope d'oie / 100 g. de jambon frais / 1 tranche de foie gras / 1 petite boîte de truffes / 30 g. de graisse d'oie / Sel / Poivre / 4 épices.

Hacher l'escalope d'oie et la noix de jambon. Assaisonner. Mélanger.

Remplir la peau du cou de cette farce de morceaux de foie gras et de truffes.

Coudre les 2 extrémités. Faire rissoler doucement dans une cocotte pendant 1 heure.

Ce plat qui se sert en entrée peut se conserver au réfrigérateur.

Il est préférable de préparer plusieurs cous à la fois.

Amourette

Prép. : 10 mn. Cuiss. : 17 mn.
2 pers.

1 amourette / 20 g. de beurre / 1 l. de court-bouillon / 1 cuil. à soupe de persil haché / 1 gousse d'ail / Le jus d'1 citron / 1 cuil. à soupe de vinaigre / 1 verre de vin blanc sec / Sel / Poivre.

Retirer, sous un filet d'eau froide, la peau et le sang qui entourent l'amourette. Rincer à l'eau vinaigrée. Faire pocher 12 minutes dans le court-bouillon, 1 cuillerée de vinaigre et le vin. Saler et poivrer.

La retirer et la détailler en tronçons de 7 cm. Les faire revenir au beurre. Vérifier l'assaisonnement.

Ajouter l'ail, le persil haché puis le jus de citron. Servir aussitôt.

Moelle au riz

Prép. : 10 mn. Cuiss. : 30 mn.
6 pers.

50 g. de beurre / 50 g. de moelle de bœuf / 1 oignon / 400 g. de riz / 1 verre de vin blanc sec / 100 g. de gruyère râpé / Bouillon (2 fois le volume du riz) / Sel / Poivre.

Faire fondre dans une cocotte 30 g. de beurre, la moelle et l'oignon haché. Saler. Poivrer. Mouiller avec le vin. Laisser réduire de moitié.

Ajouter 400 g. de riz. Mouiller avec le bouillon et laisser cuire 15 minutes environ.

Lorsque le riz a absorbé le liquide, incorporer le beurre restant et le gruyère râpé.

Andouillettes à la vigneronne

Prép. : 10 mn. Cuiss. : 10 mn.
5 pers.

5 andouillettes / 3 échalotes / 2 verres de vin blanc sec / 60 g. de beurre / 2 cuil. à soupe de moutarde / 1 tasse à thé de bouillon / Persil / Sel / Poivre.

Piquer les andouillettes.

Beurrer légèrement un plat allant au four. Garnir le fond du plat avec les échalotes hachées. Poser les andouillettes. Arroser avec le vin blanc. Faire cuire à four chaud, th. 8 (240° C). Les retourner plusieurs fois. Les andouillettes doivent être dorées.

Les disposer sur un plat de service préalablement chauffé. Déglacer le plat de cuisson avec le bouillon. Ajouter la moutarde, assaisonner et laisser bouillir un instant. Napper les andouillettes avec cette sauce.

Saupoudrer de persil haché. Servir très chaud.

Emincé d'andouillettes aux pommes

Prép. : 25 mn. Cuiss. : 25 mn.
4 pers.

4 andouillettes / 4 pommes / 80 g. de beurre / 1 dl. de vin blanc sec / 20 cl. de crème fraîche / 1 cuil. à soupe d'huile / Le jus d'1 citron / 4 échalotes / Sel / Poivre.

Eplucher les pommes. Les couper en 2. Evider le cœur et strier le dessus. Les faire revenir dans une poêle beurrée. Les arroser du jus de citron et les réserver au chaud.

Couper les andouillettes en tranches de 2 cm d'épaisseur. Bien les saisir dans 20 g. de beurre et l'huile. Les réserver au chaud.

Dorer les échalotes hachées à la poêle. Déglacer au vin. Faire réduire légèrement. Saler. Poivrer. Ajouter le reste de beurre dans la sauce puis la crème. Bien remuer.

Napper les tranches d'andouillettes avec la sauce et ranger les pommes autour.

Boudins blancs à la chapelure

Prép. : 10 mn. Cuiss. : 30 mn.
6 pers.

6 boudins / 2 œufs / 50 g. de chapelure / 40 g. de beurre.

Rouler chaque boudin dans la chapelure puis dans les œufs battus et à nouveau dans la chapelure.
Faire cuire à petit feu 30 minutes dans le beurre.

Boudins blancs en papillotes

Prép. : 10 mn. Cuiss. : 30 mn.
6 pers.

6 boudins / 40 g. de beurre / Papier aluminium.

Faire ramollir le beurre et en badigeonner les boudins. Les poser chacun sur une feuille d'aluminium. Fermer en papillotes.
Les mettre dans un plat allant au four et cuire 30 minutes, th. 7 (210° C).

Boudins à l'estragon

Prép. : 20 mn. Cuiss. : 10 mn.
6 pers.

6 boudins / Estragon en poudre / 6 pommes / Noix de muscade / 60 g. de beurre / 1 cuil. à soupe d'huile / 1 cuil. de sucre cristallisé.

Faire chauffer 30 g. de beurre et l'huile. Rouler les boudins dans l'estragon et les faire griller dans la matière grasse. Réserver au chaud.
Eplucher les pommes. Les couper en tranches et les faire sauter dans le beurre restant. Saupoudrer de muscade et de sucre cristallisé. Passer au four pour caraméliser.
Ranger les pommes autour des boudins sur le plat de service. Servir.

Boudin noir aux fruits secs

Prép. : 15 mn. Cuiss. : 30 mn.
Trempage : 2 h. - 4 pers.

4 morceaux de boudin noir / 6 pommes / 8 pruneaux / 8 abricots secs / 1 cuil. à soupe de raisins secs / 50 g. de beurre / 1 cuil. à soupe d'huile / Sel / Poivre.

Faire tremper les fruits secs dans de l'eau chaude pendant 2 heures.

Faire fondre les pommes coupées en quartiers dans 25 g. de beurre. Ajouter les fruits secs. Saler et poivrer. Faire cuire 3 minutes.

Faire revenir les boudins piqués dans le reste de beurre et d'huile. Prolonger la cuisson de 2 minutes. Saler et poivrer.

Poser les boudins sur la purée de fruits et servir.

Cervelles aux champignons

Prép. : 20 mn. Cuiss. : 15 mn.
4 pers.

4 cervelles de mouton / 4 croustades / 1 boîte de champignons / 50 g. de beurre / Sel / Poivre / Persil.
Sauce : *3 jaunes d'œufs / 3 dl. de bouillon de volaille / Le jus d'1 demi-citron / 50 g. de beurre / 1 dl. de crème.*

Nettoyer les cervelles. Les faire pocher 12 minutes dans de l'eau bouillante salée légèrement vinaigrée. Les égoutter et les tenir au chaud.

Emincer et faire revenir les champignons au beurre.

Battre les jaunes d'œufs avec la crème. Ajouter le bouillon de volaille et faire épaissir à feu doux sans faire bouillir. Ajouter le jus de citron et le beurre en morceaux. Vérifier l'assaisonnement. Incorporer les champignons.

Mettre un peu de sauce et 1 cervelle dans chaque croustade chaude. Napper de sauce.

Servir le reste de sauce saupoudré de persil en saucière.

Cervelles d'agneau à la tomate

Prép. : 40 mn. Cuiss. : 15 mn.
6 pers.

6 cervelles d'agneau / 4 tomates / 1 l. de court-bouillon / Gruyère râpé.
Sauce : *30 g. de beurre / 30 g. de farine / 1/3 l. de lait.*

Faire dégorger les cervelles. Enlever la pellicule transparente à l'aide d'une pointe de couteau. Les faire pocher dans le court-bouillon.

Peler, épépiner et écraser les tomates à la fourchette.

Faire fondre le beurre. Ajouter la farine. Mouiller avec le lait chaud. Verser la purée de tomate. Laisser cuire 8 minutes.

Sortir les cervelles. Les égoutter et les placer dans un plat allant au four. Napper avec la sauce. Saupoudrer de gruyère râpé et faire gratiner 15 minutes au four, th. 8 (240° C).

Flans de cervelle d'agneau

Prép. : 25 mn. Cuiss. : 20 mn.
4 pers.

4 cervelles d'agneau / 150 g. d'oignons émincés / 2 cuil. à soupe d'huile / 1 petite cuil. d'estragon haché / 8 œufs / Sel / Poivre / 20 g. de beurre.

Nettoyer les cervelles. Les faire tremper dans de l'eau vinaigrée puis les faire cuire dans de l'eau frémissante pendant 5 minutes. Les éponger.

Faire dorer les oignons dans l'huile. Ajouter l'estragon, 1,5 dl. d'eau et les cervelles. Laisser cuire jusqu'à évaporation complète de l'eau.

Hacher grossièrement les cervelles. Laisser tiédir. Ajouter les œufs battus. Saler et poivrer.

Beurrer des ramequins et y répartir la préparation. Faire cuire au four, th. 6 (180° C), au bain-marie, pendant 20 minutes environ. Démouler tiède.

Cervelle de veau meunière

Prép. : 30 mn. Cuiss. : 5 mn.
2 pers.

1 cervelle de veau / Thym / Laurier / Sel / Poivre / 1 cuil. à soupe de vinaigre / 2 cuil. de farine / 40 g. de beurre / 2 cuil. d'huile / Branches de persil / Le jus d'1 citron.

Chauffer 1 l. d'eau avec le vinaigre, le thym, le laurier, le sel et le poivre. Y faire pocher la cervelle 15 minutes. L'éponger.

Détailler la cervelle en tranches d'1 cm d'épaisseur. Les saler et les poivrer. Les arroser de quelques gouttes de jus de citron. Les passer dans la farine. Les faire dorer dans la matière grasse.

Les ranger sur un plat chaud. Garnir de branches de persil et de rondelles de citron.

Gâteau de cervelle de veau

Prép. : 40 mn. Cuiss. : 40 mn.
6 pers.

2 cervelles / 8 œufs / 2 cuil. à soupe de persil / 1,5 l. de court-bouillon / Le jus d'1 citron / 1 bol de sauce tomate / 1 cuil. à soupe de vinaigre / Sel / Poivre / 20 g. de beurre.

Faire tremper les cervelles 1 heure dans de l'eau vinaigrée. Les nettoyer sous l'eau froide. Les déposer dans le court-bouillon tiède. Faire cuire à feu doux 20 minutes. Les retirer. Les égoutter. Les couper en lamelles et les citronner.

Battre 5 œufs et 3 jaunes. Saler et poivrer. Ajouter le persil haché, les morceaux de cervelle et très délicatement les 3 blancs d'œufs battus en neige. Verser la préparation dans un moule à cake beurré. Faire cuire au bain-marie au four, th. 7 (210° C), 40 minutes.

Servir froid, accompagné de la sauce tomate et d'une salade verte.

Cœur de veau aux carottes

Prép. : 10 mn. Cuiss. : 2 h. 15 mn.
4 pers.

1 cœur de veau / 2 oignons coupés en lamelles / 50 g. de beurre / Sel / Poivre / 1 kg. de carottes épluchées et coupées en rondelles / 1 gousse d'ail écrasée / 1 bouquet garni.

Faire revenir le cœur au beurre dans une cocotte à fond épais. Lorsqu'il est doré de toute part, ajouter les oignons, les carottes, l'ail, le bouquet garni et 2 verres d'eau. Saler et poivrer. Couvrir et laisser cuire à feu doux pendant 2 heures.

Couper le cœur en tranches et les ranger sur un lit de carottes. Napper de la sauce.

Cœur de veau braisé

Prép. : 30 mn. Cuiss. : 1 h.
4 pers.

1 cœur de veau / 1/4 l. de bouillon / 500 g. de carottes coupées en rondelles / 100 g. de beurre / 1 cuil. à soupe d'huile / 10 petits oignons / Sel / Poivre.

Faire chauffer l'huile et le beurre dans une cocotte à fond épais. Y faire dorer le cœur avec les oignons. Mouiller avec le bouillon. Assaisonner. Ajouter les carottes. Fermer la cocotte et faire cuire doucement 1 heure en remuant régulièrement.

Retirer le cœur. Le garder au chaud. Faire réduire la sauce si nécessaire.

Servir coupé en tranches, entourer de carottes et napper de sauce.

Cœur de veau farci

Prép. : 30 mn. Cuiss. : 1 h. 30 mn.
4 pers.

1 cœur de veau / 50 g. de beurre / 50 g. de saindoux / 2 gros oignons / 1 carotte / 15 cl. de vin blanc sec / 1 bouquet garni / 1 barde de lard / Sel / Poivre / 125 g. de chair à saucisse / 60 g. de lard gras / Persil / 1 cuil. à soupe de crème / Sel / Poivre.

Nettoyer le cœur. Fendre le haut et enlever le plus possible tous les petits nerfs.

Mélanger la chair à saucisse, le lard coupé en très petits dés, le sel, le poivre et la crème. Mettre cette farce à l'intérieur du cœur en tassant. Le fermer et l'entourer de la barde. Le ficeler.

Faire revenir le cœur dans la matière grasse. Lorsqu'il est bien doré, ajouter les oignons et la carotte émincés, le bouquet garni, le vin, 1 verre d'eau, le sel et le poivre. Couvrir la cocotte et laisser mijoter 1 heure et demie en retournant souvent.

Servir en tranches nappées de sauce.

Cœur de veau farci à l'oseille

Prép. : 30 mn. Cuiss. : 1 h.
6 pers.

2 cœurs de veau / 1 crépine de porc / 1 cuil. de moutarde / 1 verre de vin blanc sec / 1 gousse d'ail / 2 petits oignons pelés / 50 g. de beurre / Persil.
Farce : *150 g. d'oseille / 3 gros oignons / 250 g. de chair à saucisse / 1 gousse d'ail finement coupée / 1 tasse de mie de pain rassise trempée dans du lait / 1 œuf / 30 g. de beurre.*

Laver l'oseille et la faire fondre dans du beurre. Hacher finement les oignons. Les faire dorer dans le beurre. Ajouter la chair à saucisse. Bien l'émietter et la faire revenir. Ajouter l'oseille fondue, l'ail écrasé et la mie de pain bien égouttée.

Bien travailler la farce afin d'obtenir une préparation homogène. Ajouter l'œuf battu. Assaisonner.

Ouvrir légèrement les cœurs sur les côtés. Les remplir de farce. Entourer avec la crépine de porc et bien ficeler. Faire revenir au beurre dans une cocotte à fond épais avec les petits oignons et l'ail. Les retourner fréquemment et les laisser cuire doucement en surveillant la cuisson.

Quelques minutes avant de servir, délayer la moutarde avec le vin blanc et verser le tout dans la cocotte. Déglacer. Laisser bouillir 3 minutes.

Couper les cœurs en tranches. Les disposer sur un plat de service et les napper avec la sauce additionnée de persil haché.

Emincé de cœur de veau

Prép. : 15 mn. Cuiss. : 20 mn.
4 pers.

1 cœur de veau / 2 cuil. à soupe d'huile / 150 g. de beurre / 500 g. d'oignons / 3 échalotes / 4 dl. de bouillon / 1 dl. de vin blanc / Sel / Poivre / Persil.

Faire revenir les oignons émincés dans 1 cuillerée d'huile et 50 g. de beurre.

Nettoyer le cœur. Le couper en tranches de 2 cm d'épaisseur et les assaisonner. Les faire revenir dans 1 cuillerée d'huile et 30 g. de beurre 5 minutes de chaque côté. Ajouter les échalotes émincées. Laisser légèrement rissoler. Déglacer avec le vin. Laisser réduire.

Ajouter le bouillon et les oignons. Faire réduire le liquide de cuisson de 3/4.

Incorporer le reste de beurre en lamelles. Rectifier l'assaisonnement. Ajouter du persil haché et servir.

Ragoût de cœur de bœuf

Prép. : 15 mn. Cuiss. : 45 mn.
4 pers.

1 petit cœur / 50 g. de farine / 2 cuil. à soupe d'huile / 2 cuil. à soupe de beurre / 2 gros oignons / 2 carottes / 2 gousses d'ail / 1/2 boîte de champignons / 6 tomates / 1 bouquet garni / 1 feuille de laurier / Sel / Poivre.

Couper le cœur en morceaux. Les fariner et les faire revenir dans le mélange beurre-huile. Ajouter les carottes en lamelles, les champignons émincés, les oignons et l'ail hachés. Saler et poivrer.

Passer les tomates dans l'eau bouillante. Les peler et les épépiner. Les ajouter à la préparation avec le bouquet garni, le laurier et 1 dl. d'eau. Laisser cuire doucement 45 minutes.

Retirer le bouquet garni et servir très chaud.

Cœur de bœuf en matelote

Prép. : 10 mn. Cuiss. : 3 h. 35 mn.
Marinade : 6 h. - 4 pers.

1 cœur de bœuf / 2 verres de vinaigre / Laurier / 2 clous de girofle / Sel / Poivre / 1 cuil. à soupe d'huile / 20 g. de beurre / 100 g. de lard en dés / 10 petits oignons / 20 g. de farine / 1 l. de bon vin rouge / 1 gousse d'ail / 1 bouquet garni / 1 boîte de champignons de 250 g.

Fendre le cœur en 2 et le faire dégorger à l'eau froide. Le nettoyer et l'essuyer. Le couper en gros dés et le faire mariner 1 demi-journée avec du sel, du poivre, le laurier, les clous de girofle, le vinaigre et 2 verres de vin.

Egoutter. Faire revenir le lard au beurre et à l'huile. Ajouter et faire dorer les morceaux de cœur. Ajouter les oignons et les faire dorer également. Saupoudrer de farine. Remuer et mouiller à hauteur de vin rouge. Saler et poivrer.

Ajouter l'ail et le bouquet garni. Laisser cuire 3 heures et demie à feu doux. Ajouter les champignons. Laisser cuire encore 5 minutes. Retirer le bouquet garni. Servir immédiatement dans un plat chaud.

Salade d'asperges au foie de veau

Prép. : 30 mn. Cuiss. : 6 mn.
4 pers.

1 kg. d'asperges / 200 g. de foie de veau / 40 g. de beurre / 1 salade / 1 cuil. à soupe de vinaigre / 2 cuil. à soupe d'huile de noix / 2 cuil. à soupe d'huile de tournesol / Sel / Poivre / Persil / Cerfeuil.

Peler et laver les asperges. Les faire cuire à l'eau bouillante salée (10 g. par litre d'eau) environ 20 minutes suivant leur taille. Les égoutter.

Laver la salade. Bien l'égoutter. Mélanger les huiles, le vinaigre, le sel, le poivre et les fines herbes.

Poser la salade lavée sur un plat. Assaisonner avec de la vinaigrette. Ranger les asperges dessus.

Juste avant de servir, poêler au beurre, 3 minutes sur chaque face, la tranche de foie de veau. La couper en lamelles et les disposer avec les asperges.

Salade de choux de Bruxelles aux foies de volaille

Prép. : 30 mn. Cuiss. : 5 mn.
4 pers.

1 kg. de choux de Bruxelles / 200 g. de foies de volaille / 1 échalote / 50 g. de beurre.
Vinaigrette : *5 cuil. à soupe d'huile d'olive / 2 cuil. à soupe de vinaigre / Sel / Poivre / 1 gousse d'ail.*

Nettoyer et laver les choux de Bruxelles. Les faire cuire 15 minutes dans de l'eau bouillante salée sans couvrir. Les égoutter.

Faire revenir les foies nettoyés dans le beurre 5 minutes. Les découper en lanières.

Mélanger les choux avec la vinaigrette. Ranger les lanières de foie dessus.

Foie gras

Prép. : 15 mn. Cuiss. : 10 mn.
Macération : 24 h. - 6 pers.

500 g. de foies de canard ou d'oie / 250 g. de beurre fin pasteurisé / 15 g. de sel / Poivre / 1 dl. de porto / 5 cl. de cognac.

Nettoyer méticuleusement les foies. Les faire macérer 24 heures au réfrigérateur dans un bol hermétiquement fermé avec le cognac, le porto, le sel et le poivre. Retourner les foies après 12 heures de macération.

Pocher les foies dans une poêle avec la marinade à feu doux 10 minutes. Il ne doit plus sortir de sang lorsque l'on pique avec la pointe d'un couteau. Laisser refroidir.

Mixer le tout avec le beurre. Le mélange doit être homogène. Mettre dans une petite terrine en porcelaine. Recouvrir et placer au réfrigérateur.

Le foie doit être consommé dans les jours qui suivent.

Oeufs au foie d'oie

Prép. : 15 mn. Cuiss. : 5 mn.
6 pers.

1 boîte de mousse de foie d'oie d'environ 150 g. / 6 œufs / 1 bol de mayonnaise / Feuilles de laitue / Sel / Poivre.

Faire cuire les œufs. Les écaler et les couper en 2 dans le sens de la longueur. Retirer les jaunes et les travailler avec la mousse. Saler. Poivrer très légèrement.

Remplir chaque moitié d'œuf de cette pâte à l'aide d'une poche à douille.

Dresser sur quelques feuilles de salade.

Servir avec une mayonnaise.

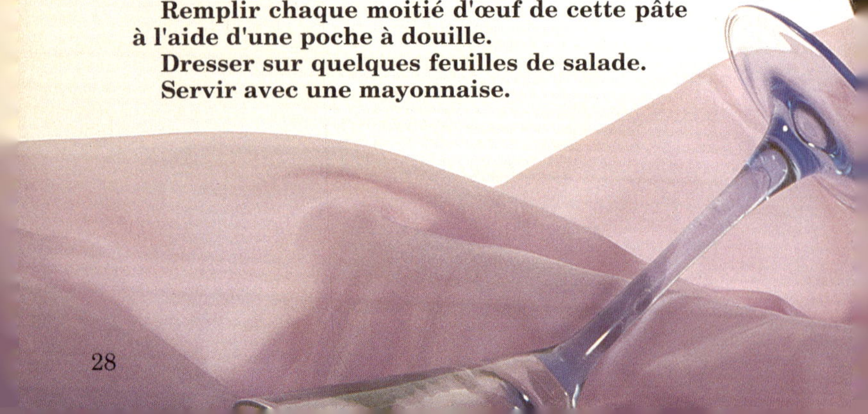

Petits choux à la mousse de foie de canard

Prép. : 15 mn.
5 pers.

20 petits choux / 2 dl. de crème fraîche / Sel / Poivre / 125 g. de mousse de foie de canard.

Dans un bol, mettre la crème, un peu de sel, une pincée de poivre et la mousse de foie. Fouetter le tout.

Découper le dessus des petits choux. Les farcir à l'aide d'une poche à douille.

A servir en apéritif ou en entrée.

Gâteau de foies de volaille

Prép. : 15 mn. Cuiss. : 35 mn.
4 pers.

300 g. de foies de volaille / 2 petites brioches / 25 cl. de lait / 3 échalotes / 1 cuil. à soupe de persil / 4 œufs / Sel / Poivre / Muscade.

Faire tremper les brioches dans le lait. Hacher les foies.

Mélanger les foies, les échalotes et le persil hachés, le sel, le poivre, une pincée de muscade, les jaunes d'œufs battus et les brioches égouttées et écrasées.

Battre les 4 blancs en neige. Les incorporer délicatement à la préparation. Verser dans un moule à soufflé beurré. Cuire 35 minutes au four, th. 7, dans un bain-marie.

Démouler tiède et servir accompagné d'une sauce tomate.

Gâteau de foie, sauce aux champignons

Prép. : 20 mn. Cuiss. : 45 mn.
6 pers.

500 g. de foie de génisse / 185 g. de beurre / 165 g. de farine / 3/4 l. de lait / 2 œufs / 2 cuil. à soupe de crème fraîche / 1/2 boîte de champignons / Sel / Poivre.

Hacher finement le foie. Faire un roux avec 125 g. de beurre et 125 g. de farine. Mouiller avec le lait.

Incorporer le foie, les 2 jaunes d'œufs. Saler, poivrer, puis ajouter très délicatement les blancs battus en neige. Verser la préparation dans un moule beurré et faire cuire au bain-marie au four, th. 7, 45 minutes.

Faire un roux blond avec 60 g. de beurre et 40 g. de farine. Mouiller avec le jus de la boîte de champignons et incorporer les champignons émincés. Ajouter la crème en remuant.

Servir le gâteau tiède, accompagné de la sauce.

Quenelles de foie

Prép. : 20 mn. Cuiss. : 10 mn.
4 pers.

300 g. de foie de porc, de génisse ou de veau / 100 g. de mie de pain / 1 verre de lait / 125 g. de lard assez gras fumé / 100 g. d'oignons émincés / 1 gousse d'ail écrasée / 1 cl. d'huile / 50 g. de semoule fine de blé / Persil haché / 2 œufs / Sel / Poivre / Muscade / Croûtons frits.

Tremper la mie de pain dans du lait. La presser.

Mixer le foie, le lard, la mie de pain, les oignons et l'ail revenus dans l'huile. Incorporer les œufs battus, la semoule, le persil, le sel, le poivre et un petit peu de muscade. Bien travailler le tout afin d'obtenir une pâte homogène.

Mouler des quenelles en forme d'œuf. Les faire pocher 10 minutes dans l'eau frémissante.

Les servir chaudes, saupoudrées de croûtons frits.

Terrine de foie de porc

Prép. : 30 mn. Cuiss. : 1 h. 30 mn.
8 pers.

500 g. de foie de porc / 250 g. de bajoue de porc / 250 g. de porc frais / 2 gros oignons / 3 gousses d'ail / 1 verre à liqueur de marc d'Arbois / 2 œufs / 3 cuil. à soupe de farine / Sel / Poivre / 1 croûton de pain / 1 tasse de lait / Bardes et couennes de porc / 1/2 feuille de laurier.

Hacher le foie nettoyé, la bajoue, le porc frais, les oignons, les gousses d'ail et le croûton de pain. Bien mélanger le tout. Ajouter les œufs, la farine, le lait, le poivre et le marc. Peser le hachis. Ajouter 18 g. de sel par kilo de préparation.

Barder une terrine. Y verser la préparation. Tasser. Ajouter une couenne et le laurier. Mettre le couvercle. Faire cuire 1 heure 30 minutes au bain-marie au four, th. 8 (240° C).

Terrine de foie de veau

Prép. : 30 mn. Cuiss. : 35 mn.
4 pers.

250 g. de foie de veau / 1 cuil. de farine / 1 dl. de crème fraîche / 2 œufs / 25 g. de beurre / Sel / Poivre.

Hacher le foie de veau cru. Ajouter les œufs battus avec la farine, la crème, le sel et le poivre. Bien mélanger.

Beurrer une terrine et y verser la préparation. Faire cuire 35 minutes dans un bain-marie au four, th. 6 (180° C).

Terrine de foie de sanglier

Prép. : 1 h. Cuiss. : 1 h. 30 mn.
8 pers.

400 g. de foie de sanglier / 300 g. de bajoue de porc / 300 g. de porc / 1 dl. de lait / 2 gros oignons / 2 gousses d'ail / 1 verre à liqueur de cognac / 2 cuil. à soupe de farine / 1 tasse de crème / Couenne de porc / Sel / Feuille de laurier / 1 clou de girofle / Poivre / 1 pincée de noix de muscade / 2 œufs / 20 g. de beurre.

Nettoyer et dénerver le foie. Le hacher avec la bajoue, le porc frais, les gousses d'ail, les oignons et le lait. Bien mélanger. Ajouter les œufs, la farine, le cognac, la crème et la noix de muscade.

Peser le hachis. Ajouter 18 g. de sel par kilo de préparation. Poivrer selon le goût.

Verser dans une terrine beurrée. Lisser. Déposer dessus un morceau de couenne, 1/4 de feuille de laurier et le clou de girofle. Bien fermer la terrine et cuire au four, th. 8, au bain-marie, pendant 1 heure 30 minutes.

Terrine de campagne à l'ancienne

Prép. : 1 h. 30 mn. Cuiss. : 2 ou 3 h.
Marinade : 24 h. - 20 pers.

2,5 kg. de collet de veau / 1 kg. de porc / 1,5 kg. de foie de porc / 90 g. de sel / 4 g. de poivre / 4 g. de muscade / 4 g. de coriandre / 1/2 l. de vin blanc sec / 5 échalotes / 6 cuil. à soupe de farine / 3 œufs / 1 fine tranche de lard gras / 3 feuilles de laurier.

Couper toutes les viandes en lamelles. Saler et poivrer. Ajouter les échalotes hachées et le vin blanc. Bien mélanger et laisser mariner 24 heures.

Passer au hachoir à gros trous. Ajouter la farine et les œufs. Assaisonner. Bien mélanger. Mettre la préparation en bocaux. Bien tasser. Poser une lamelle de lard et un éclat de feuille de laurier.

Cuire 2 heures dans un stérilisateur ou 3 heures au bain-marie, au four, th. 7 (210° C) en grosse terrine.

Terrine de foies de volaille

✕✕ ∞

Prép. : 30 mn. Cuiss. : 1 h. 30 mn.
10 pers.

500 g. de foies de volaille / 1 kg. de bajoue / 250 g. de porc frais / 1 oignon / 1 cuil. à soupe de crème fraîche / 5 cl. de cognac / 100 g. de pain rassis humecté de lait / 1 œuf / 1 cuil. à soupe de farine / Sel (18 g. par kilo de hachis) / Muscade / 1 morceau de couenne de lard / 1 feuille de laurier.

Hacher les foies, les viandes, l'oignon et la mie de pain. Ajouter l'œuf, la crème, le cognac, la farine, la muscade et le sel. Bien mélanger.

Verser le mélange dans une terrine beurrée. Poser dessus la barde et la feuille de laurier.

Couvrir et faire cuire dans un bain-marie au four, th. 8 (240° C), pendant 1 heure 30 minutes.

Omelettes aux foies de volaille

Prép. : 20 mn. Cuiss. : 8 mn.
6 pers.

12 œufs / 100 g. de lard fumé / 100 g. de porc frais salé / 6 foies de volaille / 1 échalote / 2 cuil. à soupe d'huile / 60 g. de beurre / Le jus d'1 citron.

Couper le lard fumé et le porc salé en bâtonnets très fins. Les couvrir d'eau et les faire blanchir 5 minutes. Les égoutter. Les faire revenir avec 1 cuillerée d'huile.

Nettoyer les foies de volaille. Les couper en 4. Les faire revenir dans une poêle avec 20 g. de beurre. Ajouter l'échalote hachée, le jus de citron et le sel. Laisser mijoter à feu doux quelques minutes.

Battre les œufs et faire cuire 1 omelette (ou 2 petites). La garder baveuse. Répartir le lard et les foies au centre de l'omelette et la faire glisser sur le plat en la pliant.

Pâtes aux foies de volaille

Prép. : 25 mn. Cuiss. : 20 mn.
4 pers.

300 g. de foies de volaille / 400 g. de coquillettes / 80 g. de beurre / 1 oignon / 1 gousse d'ail / 2 échalotes / 4 tomates / 1 verre à liqueur de cognac / 1 verre de vin blanc sec / Sel / Poivre / 100 g. de comté râpé.

Nettoyer et parer les foies de volaille. Les faire sauter dans le beurre avec l'oignon, l'ail et les échalotes hachés. Ajouter les tomates pelées, épépinées et concassées. Assaisonner. Mouiller avec le vin blanc et le cognac. Faire cuire doucement 20 minutes.

Cuire les coquillettes à l'eau bouillante salée. Déposer les pâtes égouttées dans un plat chaud. Les garnir avec les foies de volaille et la sauce. Saupoudrer de comté râpé.

Foies de volaille en brochettes

Prép. : 30 mn. Cuiss. : 10 mn.
Marinade : 1 h. - 4 pers.

12 foies de volaille / 6 fines tranches de lard maigre fumé / Sel / Poivre / Paprika / 1 verre à liqueur de cognac / Le jus d'1/2 citron / 3 cuil. d'huile / Laurier en poudre / 2 poivrons / 2 gros oignons.

Couper les foies en 2. Les déposer dans une terrine. Saler et poivrer légèrement. Ajouter le laurier, le paprika, le cognac, quelques gouttes de jus de citron et l'huile. Remuer et laisser mariner 1 heure.

Couper en 4 les tranches de lard. Couper les poivrons et les oignons en morceaux réguliers.

Egoutter les foies de volaille. Envelopper chaque morceau dans le lard. Les enfiler sur les brochettes en alternant les morceaux de poivron et les morceaux d'oignon. Les faire griller en les retournant régulièrement.

Foie en meurette

Prép. : 20 mn. Cuiss. : 10 mn.
4 pers.

4 tranches épaisses de foie de veau ou de génisse / 100 g. de beurre / 1 oignon / 15 g. de farine / 1 brin de thym / 1/2 feuille de laurier / Sel / Poivre / 3 dl. de vin rouge / Persil / Croûtons frits au beurre.

Couper les tranches de foie en cubes. Les rouler dans la farine. Les faire revenir dans 30 g. de beurre. Les réserver au chaud sur le plat de service. Remettre 35 g. de beurre dans la poêle. Ajouter l'oignon haché, le thym, le sel, le poivre, le laurier et le vin rouge. Laisser bouillir 5 minutes.

Malaxer le reste de beurre avec la farine et les incorporer à la sauce en fouettant. Verser sur le foie. Saupoudrer de persil. Entourer de croûtons frits.

Foie de veau au lard fumé

Prép. : 15 mn. Cuiss. : 10 mn.
4 pers.

4 tranches de foie de veau / 8 tranches fines de lard de poitrine fumée / 1 cuil. à soupe de farine / 1 petite tasse de bouillon / 1 noisette de moutarde / 75 g. de beurre / Sel / Poivre / Le jus d'1 citron / Quelques feuilles d'estragon hachées / Persil haché.

Saler et poivrer les tranches de foie. Les fariner légèrement.

Faire rissoler les tranches de lard dans un peu de beurre chaud. Les égoutter et les garder au chaud.

Dans ce jus de cuisson, faire revenir les tranches de foie sur les 2 faces. Le foie doit être cuit à peine rosé à l'intérieur. Les retirer et les réserver au chaud avec les tranches de lard.

Dans la poêle, ajouter le bouillon et l'estragon au jus de cuisson. Porter à ébullition en remuant. Retirer du feu et ajouter le beurre restant coupé en lamelles.

Fouetter la sauce, ajouter la moutarde et le jus de citron.

Disposer les tranches de foie sur un plat en les alternant avec des tranches de lard. Napper de sauce et saupoudrer de persil haché.

Foie de veau braisé aux carottes

Prép. : 15 mn. Cuiss. : 1 h. 30 mn.
6 pers.

1 kg. de foie de veau / 1 crépine de porc / 1 tranche de lard / 1 cuil. à soupe de saindoux / 3 belles carottes / 1 oignon / 1 bouquet garni / 1 gousse d'ail / Sel / Poivre / 1 petit verre de cognac.

Larder le foie et l'envelopper dans la crépine.

Chauffer le saindoux dans une cocotte. Y faire revenir le foie. Lorsqu'il est doré, ajouter l'oignon, les carottes coupées en rondelles, le bouquet garni et l'ail. Saler et poivrer. Mettre à feu doux et laisser cuire 1 heure en retournant régulièrement le foie.

Ajouter le cognac. Laisser de nouveau cuire 1 demi-heure.

Retirer le bouquet garni et les épices. Couper le foie en tranches et le garnir de carottes. Napper de sauce.

Tranches de foie de veau aux oignons

Prép. : 20 mn. Cuiss. : 35 mn.
4 pers.

4 tranches de foie de veau / 2 cuil. à soupe de vinaigre / 20 petits oignons / 1 cuil. à soupe de persil haché / 1 cuil. à soupe d'huile / 50 g. de beurre / 1 cuil. à soupe de sucre / Sel / Poivre.

Chauffer 25 g. de beurre et 1 cuillerée d'huile. Y faire rissoler les petits oignons. Mouiller avec 1 dl. d'eau. Couvrir et laisser mijoter 30 minutes. Saupoudrer d'1 cuillerée de sucre et laisser glacer.

A 5 minutes de la fin de la cuisson, faire revenir les tranches de foie avec le reste de beurre et d'huile 2 minutes de chaque côté. Saler et poivrer. Déglacer la poêle avec le vinaigre.

Sur le plat, ranger les oignons autour des tranches de foie. Napper de la sauce. Saupoudrer de persil.

Foies de volaille aux oignons

Prép. : 10 mn. Cuiss. : 25 mn.
4 pers.

8 foies de volaille / 500 g. d'oignons / 2 pincées de sucre / Salade / Sel / Poivre / 2 cl. d'huile / 20 g. de beurre.

Eplucher les oignons. Les couper en rondelles. Les faire pocher 5 minutes dans de l'eau bouillante. Les égoutter puis les faire revenir quelques minutes dans une poêle avec un peu d'huile chaude. Ajouter le sucre. Poivrer. Couvrir et laisser cuire 10 minutes à feu doux.

Faire revenir au beurre les foies de volaille. Saler et poivrer. Verser les oignons dans un plat de service. Disposer les foies de volaille par-dessus. Servir très chaud, accompagné d'une salade verte.

Foie aux oignons

Prép. : 15 mn. Cuiss. : 30 mn.
6 pers.

1 kg. d'oignons / 4 cuil. à soupe d'huile / 1 kg. de foie de porc ou de génisse / Sel / Poivre / Thym / Riz créole.

Peler, émincer et faire revenir les oignons à l'huile. Couper le foie en morceaux.

Quand les oignons sont bien dorés, ajouter le foie. Saler et poivrer. Saupoudrer de thym. Laisser cuire doucement jusqu'à ce que le tout soit bien confit.

Servir avec du riz créole.

Foie de veau aux poires

Prép. : 20 mn. Cuiss. : 13 mn.
4 pers.

4 tranches de foie de veau / 4 poires / 4 fines tranches de lard fumé / 2 échalotes / 2 cuil. à soupe de crème fraîche / Le jus de 2 citrons / 50 g. de beurre / Sel / Poivre.

Peler les poires, les entourer avec les tranches de lard. Ficeler. Les disposer dans un plat beurré allant au four. Faire cuire 5 à 7 minutes selon les poires choisies, th. 7 (210° C). Vérifier la cuisson en piquant avec une aiguille.

Faire revenir au beurre les échalotes ciselées dans une poêle à fond épais. Ajouter les tranches de foie. Les cuire 3 minutes de chaque côté. Retirer et maintenir au chaud.

Hors du feu, déglacer la poêle avec la crème puis ajouter le jus de citron.

Chauffer les assiettes de service. Répartir les tranches de foie et les poires. Napper avec la sauce.

Foie de veau aux pruneaux

Prép. : 20 mn. Cuiss. : 30 mn.
4 pers.

1 tranche de lard de 100 g. / 1 cuil. de saindoux / 1 foie de veau / 2 oignons / 250 g. de pruneaux / 1 cuil. à soupe de vinaigre / 2 morceaux de sucre / Sel / Poivre / 1 cuil. à soupe de farine.

Faire cuire les pruneaux en démarrant la cuisson à l'eau froide.

Faire fondre le lard coupé en dés avec le saindoux. Y faire revenir le foie assaisonné. Ajouter les oignons émincés. Laisser mijoter 15 minutes en mouillant de temps en temps avec le jus des pruneaux.

Délayer la farine avec le liquide de cuisson et le vinaigre. L'ajouter à la sauce avec le sucre et les pruneaux. Continuer la cuisson 8 minutes.

Foies de volaille au raisin

Prép. : 10 mn. Cuiss. : 15 mn.
4 pers.

600 g. de foies de volaille / 150 g. de beurre / 2 cuil. à soupe d'huile / 10 cl. de madère / 300 g. de raisin / 4 tranches de pain de mie / Sel / Poivre.

Nettoyer les foies. Les laver rapidement à l'eau froide. Les essuyer et les assaisonner.

Faire dorer les tranches de pain dans l'huile et 100 g. de beurre. Bien les faire dorer. Réserver au chaud.

Faire chauffer le reste de beurre et y faire revenir les foies 7 minutes en les retournant régulièrement. Réserver au chaud.

Déglacer la poêle avec le madère. Ajouter les grains de raisin lavés. Laisser chauffer à feu doux.

Répartir les foies sur les toasts et napper de sauce au raisin. Servir immédiatement.

Fraise de veau

Prép. : 10 mn. Cuiss. : 2 h.
6 pers.

1 kg. de fraise de veau / 2 cuil. à soupe de farine / Bouquet garni / 1 oignon / 2 clous de girofle / Sel / Poivre / 2 cuil. à soupe de vinaigre / Pommes de terre vapeur / Sauce vinaigrette.

Laver soigneusement la fraise. La couper en morceaux. La déposer dans un grand faitout avec 2 l. d'eau froide.

Délayer la farine avec un peu d'eau tiède. L'ajouter progressivement dans le faitout. Bien mélanger. Saler. Ajouter le vinaigre, l'oignon piqué, les clous de girofle et le bouquet garni. Porter à ébullition. Cuire 2 heures environ.

Egoutter et servir très chaud avec des pommes de terre vapeur et une sauce vinaigrette relevée.

Fressure au vin blanc

Prép. : 1 h. Cuiss. : 8 h.
10 pers.

1 foie / 2 poumons / 1 cœur / 300 g. d'échine de porc / 50 g. de saindoux / 4 dl. de vin blanc sec / 1 bouquet garni / Sel / Poivre / 3 oignons / 1 verre de sang de porc (à demander au boucher).

Laver, essuyer et hacher tous les abats avec l'échine de porc. Les faire revenir dans le saindoux avec les oignons coupés en lamelles.

Ajouter le vin blanc, le sang, le bouquet garni. Assaisonner. Laisser cuire très doucement 8 heures. Retirer le bouquet garni. Les viandes forment un bloc.

Laisser refroidir et couper en tranches.

Gras double aux oignons

Prép. : 25 mn. Cuiss. : 25 mn.
6 pers.

1 kg. de gras double cuit / 300 g. d'oignons / 50 g. de beurre / 4 cuil. à soupe d'huile / Sel / Poivre / 1 cuil. à soupe de vinaigre / 3 cuil. à soupe de persil haché.

Couper le gras double en lanières. Peler et émincer les oignons.

Mettre le beurre et l'huile dans une cocotte à fond épais. Y faire blondir les oignons. Les retirer et les garder au chaud. Mettre à la place le gras double. Le faire dorer. Ajouter les oignons, le sel, le poivre et le vinaigre. Couvrir et continuer la cuisson 15 minutes.

Saupoudrer de persil au moment de servir.

Variante : *vous pouvez, juste au moment de servir, ajouter 1 cuillerée à soupe de crème mélangée à 1 cuillerée à café de moutarde.*

Langue en cocotte

Prép. : 30 mn. Cuiss. : 1 h.
8 pers.

1 langue de bœuf / 100 g. de lard / 25 g. de beurre / 24 petits oignons / 60 cl. de vin blanc sec / 12 cornichons au vinaigre / 2 l. de court-bouillon.

Laisser dégorger la langue. La laver. La plonger dans de l'eau bouillante 5 minutes puis l'égoutter. Chauffer le court-bouillon. A ébullition, ajouter la langue. Laisser cuire 2 heures. La retirer et l'éplucher.

Faire revenir la langue avec le beurre, le lard en petits morceaux et les petits oignons. Ajouter le vin blanc. Laisser mijoter 1 heure.

Juste avant de servir, mettre les cornichons coupés en rondelles dans le liquide de cuisson. Servir sur un plat chaud avec la sauce.

Langue de bœuf aux légumes

Prép. : 1 h. Cuiss. : 1 h. 30 mn.
6 pers.

1 langue de bœuf / 150 g. de lard maigre / 80 g. de lard gras / 30 g. de beurre / 15 cl. de vin blanc sec / 15 cl. de bouillon / 400 g. de petites carottes / 1 kg. de petits pois / 250 g. de champignons de Paris / 1 cœur de céleri en branche / 1 bouquet garni / Sel / Poivre / 1 cuil. à soupe d'huile.

Peler et couper les carottes et le céleri en bâtonnets.

Faire dégorger la langue. Enlever la partie cartilagineuse se trouvant sous la langue. La faire blanchir 3 minutes. Renouveler l'eau et faire cuire 50 minutes. L'égoutter et retirer la peau.

Couper les lards gras et maigre en petits lardons et les faire fondre avec un peu d'huile. Ajouter les carottes. Les laisser rissoler. Ajouter les pois. Poser la langue au milieu. Couvrir avec le céleri et les champignons nettoyés et émincés. Poser le bouquet garni. Mouiller avec le bouillon et le vin. Saler, poivrer. Laisser mijoter 1 heure à couvert.

Couper la langue en tranches. La réserver au chaud avec les légumes. Réduire le jus de cuisson. Ajouter le beurre en morceaux. Fouetter. Napper la viande et les légumes avec la sauce.

Langue de bœuf aux amandes

Prép. : 30 mn. Cuiss. : 2 h. 30 mn.
6 pers.

1 langue de bœuf / 50 g. de beurre / 40 g. de farine / 1,5 dl. de vin rouge / 1 cuil. à soupe de vinaigre / 5 cl. de madère / 50 g. de raisins secs / 50 g. d'amandes effilées / 1 l. de court-bouillon / Sel / Poivre.

Faire dégorger la langue. La nettoyer. La déposer dans le court-bouillon. Saler et poivrer. Faire cuire 2 heures 30 minutes.

A la fin de la cuisson, faire fondre le beurre. Ajouter la farine. Dès qu'elle blondit, délayer avec le court-bouillon puis le vin rouge. Ajouter le vinaigre, le madère, les raisins secs et les amandes effilées.

Enlever la peau de la langue. La couper en tranches et la servir avec la sauce en saucière.

Langue de bœuf aux raisins secs

Prép. : 30 mn. Cuiss. : 2 h. 30 mn.
6 pers.

1 langue de bœuf / Court-bouillon / 40 g. de beurre / 1 cuil. à soupe de farine / Sel / Poivre / 1 échalote / 1 verre de vin rouge / 1 poignée de raisins secs.

Faire dégorger la langue à l'eau froide. Bien la nettoyer. La mettre dans un faitout avec le court-bouillon froid. Faire cuire 2 heures environ.

La retirer, la poêler et la couper en tranches.

Préparer un roux blond avec le beurre et la farine. Mouiller avec le bouillon. Y déposer les tranches de langue. Saler et poivrer. Ajouter l'échalote émincée, le vin et les raisins secs. Laisser mijoter 20 minutes sur feu doux.

Servir chaud. Napper les tranches de sauce.

Tranches de langue panées

Prép. : 10 mn. Cuiss. : 5 mn.
1 pers.

2 tranches de langue de bœuf cuites / Farine / 1 blanc d'œuf / 25 g. de gruyère râpé / 25 g. de chapelure / Persil haché / 1 citron / 25 g. de beurre.

Passer successivement les tranches de langue dans la farine, le blanc d'œuf battu et la chapelure mélangée au gruyère râpé.

Faire dorer au beurre dans une poêle.

Servir saupoudré de persil et entouré de rondelles de citron.

Langues de mouton braisées

Prép. : 20 mn. Cuiss. : 1 h. 30 mn.
6 pers.

6 langues de mouton / 1 gros oignon / 1 carotte / 100 g. de lard en tranches / 1 bouquet garni / 1 cuil. à soupe d'huile / 1 verre de vin blanc sec / Sel / Poivre / 4 cuil. à soupe de sauce tomate / 50 g. de farine.

Choisir des langues bien fraîches. Les nettoyer. Les passer 10 minutes à l'eau bouillante. Les égoutter. Les rafraîchir. Les essuyer et les passer dans la farine.

Poser les tranches de lard au fond d'une casserole avec l'huile. Couvrir avec l'oignon coupé finement, la carotte émincée et le bouquet garni.

Ranger les langues sur ce lit de légumes. Ajouter le vin blanc et 1/2 verre d'eau chaude. Cuire 1 heure 30 minutes à feu très doux.

Au moment de servir, retirer la peau des langues. Les dresser sur un plat. Délayer dans le jus de cuisson la sauce tomate et 1 pincée de poivre fraîchement moulu. Laisser bouillir 1 minute. Rectifier éventuellement l'assaisonnement et verser sur les langues.

Langue de veau aux raisins secs

Prép. : 25 mn. Cuiss. : 55 mn.
3 pers.

1 langue de veau / 50 g. de raisins secs / 100 g. de lard / 1 cuil. à soupe d'huile / 2 l. de court-bouillon / 1 verre de bouillon / 1 verre de vin blanc sec / Sel / Poivre.

Laver les raisins. Les faire tremper à l'eau froide.

Laver la langue. La blanchir 5 minutes à l'eau bouillante salée. L'égoutter.

Chauffer le court-bouillon et la langue. Laisser bouillir 45 minutes.

Peler la langue et la couper en tranches.

Faire fondre le lard et l'huile. Y déposer les tranches de langue. Saler et poivrer. Ajouter les raisins égouttés, le bouillon, le vin et laisser mijoter 10 minutes.

Retirer les tranches de langue. Les garder au chaud et faire réduire la sauce à feu plus vif.

Servir les tranches de langue nappées de sauce.

Langue de veau grillée à la diable

Prép. : 30 mn. Cuiss. : 1 h.
4 pers.

1 langue de veau / 20 g. de beurre / 1 cuil. à soupe de moutarde / Chapelure / Sel / Poivre.
Sauce à la diable : *20 cl. de sauce demi-glace / 1 verre de vin blanc / 3 échalotes / 1 pincée de poivre de Cayenne / Worcestershire sauce / 20 g. de beurre.*

Faire suer les échalotes hachées dans le beurre. Mouiller au vin blanc et faire réduire à 2 cuillerées. Incorporer la demi-glace et faire réduire 10 minutes. Ajouter un peu de poivre et de Worcestershire sauce.

Nettoyer la langue. La blanchir puis l'égoutter.

Faire revenir la langue dans 10 g. de beurre et laisser mijoter 1 heure à feu très doux.

Couper la langue en 2 dans le sens de la longueur. Assaisonner. Enduire les morceaux de moutarde. Les rouler dans la chapelure et les faire griller dans le reste de beurre.

Servir accompagné de la sauce.

Langue de veau rémoulade

Prép. : 20 mn. Cuiss. : 1 h.
4 pers.

1 langue de veau / 1 oignon / 2 clous de girofle / 2 carottes / 1 branche de céleri / 1 gousse d'ail / 15 cl. de vin blanc sec / 4 œufs mollets / 1 laitue / 3 tomates / Sel / Poivre.
Rémoulade : *1 bol de mayonnaise / 50 g. de cornichons au vinaigre / 1 cuil. à soupe de ciboulette hachée / 1 cuil. à soupe de persil haché.*

Faire dégorger la langue de veau à l'eau courante. La faire blanchir 1 minute à l'eau bouillante salée. L'égoutter et la rafraîchir à l'eau froide.

Placer dans un faitout les légumes, le sel, le vin, le clou de girofle et le poivre. Y poser la langue. Couvrir d'eau froide. Faire cuire la langue à feu doux 1 heure. La laisser refroidir dans sa cuisson.

L'égoutter. Enlever la peau. La couper en tranches. Les ranger sur un lit de laitue avec des quartiers de tomate, les œufs et la sauce rémoulade.

Salade de museau de bœuf

Prép. : 10 mn. Cuiss. : 3 h.
Repos : 24 h. - 4 pers.

1 kg. de museau de bœuf / 3 l. de court-bouillon.
Vinaigrette : *8 cuil. à soupe d'huile / 2 cuil. à soupe de vinaigre / 1 cuil. à café de moutarde / 1 cuil. à soupe de persil haché / 1 cuil. à soupe d'échalote hachée.*

Plonger le museau dans de l'eau bouillante salée 1 minute. Egoutter.

Porter le court-bouillon à ébullition. Y plonger le museau et laisser cuire 3 heures.

Lorsqu'il est cuit, l'égoutter et le presser entre 2 assiettes, surmonté d'un poids pour lui faire perdre son eau. Mettre 24 heures au réfrigérateur.

Détailler le museau en tranches. Mélanger les ingrédients de la vinaigrette et la servir en accompagnement du museau.

Oreilles de porc bonne femme

Prép. : 15 mn. Cuiss. : 3 h.
4 pers.

4 oreilles de porc prêtes à cuire / 2 carottes coupées / 2 oignons émincés / 125 g. de lard de poitrine / 1 bouquet garni / Sel / Poivre / 200 g. de lentilles.

Passer les oreilles à la flamme. Les nettoyer soigneusement. Les faire blanchir 5 minutes dans l'eau bouillante. Rincer et égoutter.

Les mettre dans une cocotte avec les carottes, les oignons émincés, le bouquet garni, 1/2 l. d'eau, du poivre et du sel. Couvrir et laisser cuire à feu doux pendant 2 heures. Ajouter les lentilles, le lard et laisser cuire de nouveau 1 heure.

Retirer le bouquet garni. Couper le lard en 4. Disposer les oreilles et les morceaux de lard sur les lentilles.

Oreilles à la chapelure

Prép. : 15 mn. Cuiss. : 2 h. 10 mn.
2 pers.

4 oreilles de porc / 2 l. de court-bouillon / Sel / Poivre / Chapelure / 50 g. de beurre.

Flamber et nettoyer soigneusement les oreilles. Les mettre dans le court-bouillon froid. Porter à ébullition et laisser frémir 2 heures.

Retirer les oreilles. Les rouler dans la chapelure et les faire griller vivement dans le beurre. Saler et poivrer.

Servir très chaud.

Pieds de porc panés

Prép. : 20 mn. Cuiss. : 4 h. 10 mn.
3 pers.

3 pieds de porc nettoyés / 2 l. de bouillon de viande / 3 carottes / 1 bouquet garni / 1 oignon / 2 échalotes / 2 clous de girofle / Sel / Poivre / Persil / 2 œufs / Chapelure / 100 g. de saindoux / 1 cuil. à soupe de persil haché.

Faire cuire les pieds de porc nettoyés à feu doux pendant 4 heures dans le bouillon avec les légumes, les clous de girofle et le bouquet garni.

Après cuisson, les désosser. Les couper en 2. Les laisser refroidir. Les rouler dans les œufs battus assaisonnés puis dans la chapelure. Faire dorer des 2 côtés dans le saindoux.

Les servir très chauds, saupoudrés de persil haché.

Une sauce tomate ou une salade verte accompagne agréablement ce mets.

Pieds de mouton sauce poulette

Prép. : 20 mn. Cuiss. : 3 h. 25 mn.
4 pers.

16 pieds de mouton / 250 g. de champignons / 1 oignon / 2 clous de girofle / 1 bouquet garni / 2 cuil. à soupe de vinaigre / 40 g. de beurre / 40 g. de farine + 2 cuil. à soupe / 2 jaunes d'œufs / 2 cuil. à soupe de jus de citron / Sel / Poivre / 1 cuil. à soupe de persil haché.

Faire dégorger les pieds de mouton à l'eau froide. Les fendre en 2. Les faire blanchir à l'eau bouillante 5 minutes. Les égoutter.

Mettre à bouillir 2 cuillerées de farine délayée dans 2 l. d'eau froide. Bien mélanger. Saler. Ajouter le vinaigre, l'oignon piqué des clous de girofle, le bouquet garni et les pieds de mouton. Laisser cuire 3 heures.

Désosser les pieds. Nettoyer les champignons.

Faire un roux blanc. Mouiller du jus de cuisson des pieds. Ajouter les champignons émincés et les pieds de mouton. Rectifier l'assaisonnement. Laisser cuire 20 minutes à feu doux.

Pour servir, délayer les jaunes d'œufs avec un peu de bouillon chaud. Ajouter le tout dans la sauce qui ne doit plus bouillir avec le jus de citron et le persil. Servir.

Potage à la queue de bœuf

Prép. : 30 mn. Cuiss. : 4 h.
4 pers.

1 queue de bœuf / 300 g. de jarret de veau / 1 pied de veau / 40 g. de beurre / 1 cuil. à soupe d'huile / 2 oignons / 2 carottes / 3 blancs de poireaux / 1 branche de céleri / 3 clous de girofle / Persil / Laurier / 6 tomates ou 1 boîte de purée de tomate / 1/2 verre de madère / 1/2 cuil. à café de fécule / Sel / Poivre.

Dans une cocotte, faire fondre le beurre avec l'huile. Y mettre à dorer la viande coupée en tronçons, les carottes et les oignons émincés. Laisser dorer quelques minutes. Ajouter 2 l. d'eau froide, les épices et les tomates épluchées et épépinées. Saler et poivrer. Laisser cuire à feu doux 4 heures.

Retirer la viande. La désosser. La mettre dans une soupière. Réserver au chaud.

Passer le bouillon et les légumes au mixer. Remettre le potage à bouillir. Le lier avec la fécule délayée dans le madère. Verser le potage dans la soupière.

Potage aux queues de porc

Prép. : 15 mn. Cuiss. : 3 h.
4 pers.

500 g. de bœuf maigre / 3 queues de porc / 500 g. de haricots rouges / 4 gousses d'ail / 2 oignons / Sel / Poivre / Croûtons grillés.

Placer tous les ingrédients dans 2 l. d'eau. Couvrir et laisser cuire 3 heures.

Egoutter les viandes et les désosser. Passer les légumes au mixer. Remettre la viande. Rectifier l'assaisonnement.

Servir sur des croûtons grillés.

Queue de bœuf au vin blanc

Prép. : 15 mn. Cuiss. : 3 h.
4 pers.

1 queue de bœuf / 2 cuil. à soupe d'huile / 100 g. de lard fumé / 3 oignons / 4 carottes / 1 bouquet garni / Sel / Poivre / Muscade / 3 dl. de vin blanc sec.

Couper la queue en tronçons de 6 cm. Faire revenir les morceaux de queue dans l'huile. Ajouter le lard coupé en morceaux, le bouquet garni, les oignons et les carottes émincés. Saler et poivrer. Ajouter une pincée de muscade. Mouiller avec 1 verre de vin. Laisser mijoter 3 heures.

Déglacer la cocotte avec le reste du vin blanc.

On peut servir ce plat accompagné d'une purée de marron.

Feuillantine de ris de veau

Prép. : 30 mn. Cuiss. : 30 mn.
6 pers.

1 kg. de ris de veau / 150 g. de beurre / 1 cuil. à soupe d'huile / 500 g. de champignons / 150 g. d'échalotes / 2 dl. de vin blanc sec / 2 dl. de madère / 2 dl. de crème fraîche / 100 g. de farine / 1 œuf / 1 cuil. à café de lait / Pâte feuilletée / Sel / Poivre / 1 citron.

Faire tremper les ris de veau dans l'eau courante. Les nettoyer avec la pointe d'un couteau.

Les déposer dans un faitout. Les couvrir d'eau. Amener à ébullition. Les sortir. Les plonger dans l'eau froide puis les égoutter.

Tailler les ris en escalopes d'1 cm d'épaisseur. Les rouler dans la farine. Dans une sauteuse, faire chauffer 75 g. de beurre et 1 cuillerée d'huile. Y mettre les escalopes de ris et les faire brunir doucement. Ajouter les échalotes et les champignons émincés.

Mouiller avec le madère et le vin blanc. Saler, poivrer. Laisser cuire 10 minutes sur feu doux. Hors du feu, incorporer la crème fraîche. Lier la sauce en ajoutant le reste de beurre coupé en morceaux.

Dresser les ris dans un plat à gratin. Etendre la pâte feuilletée sur une épaisseur d'1/2 cm. Couvrir le plat. Battre le jaune d'œuf et le lait. En badigeonner la surface de la pâte.

Mettre au four, th. 8 (240° C), 15 minutes. Servir chaud.

Ris de veau aux truffes

Prép. : 20 mn. Cuiss. : 30 mn.
Repos : 12 h. - 6 pers.

1 kg. de ris de veau / 2 oignons / 2 carottes / 1 dl. de vin blanc sec / 50 g. de beurre / 1 cuil. à soupe d'huile / 1 dl. de cognac / 1 dl. de porto / 1 petite boîte de truffes / 1 petite boîte de champignons / 1 dl. de crème / Sel / Poivre.

Blanchir les ris de veau dans l'eau bouillante salée 4 minutes. Les rafraîchir et les égoutter. Les presser jusqu'au lendemain entre 2 assiettes chargées d'un poids.

Chauffer le beurre et l'huile. Y faire revenir les oignons et les carottes émincés. Poser les ris de veau. Mouiller avec le vin. Assaisonner et laisser cuire doucement en couvrant 25 minutes. Retirer les ris de veau et les réserver au chaud.

Ajouter les champignons émincés et la truffe dans le jus de cuisson. Laisser cuire quelques minutes. Mouiller avec le cognac et le porto et lier avec la crème. Ajouter les truffes. Bien mélanger.

Napper les ris avec la sauce.

Garnir le plat avec des croûtons frits au beurre.

Ris de veau sur toasts

Prép. : 15 mn. Cuiss. : 15 mn.
5 pers.

800 g. de ris de veau / 1 cuil. à soupe de vinaigre / 150 g. de champignons émincés / 90 g. de beurre / 1 cuil. à soupe d'huile / 1 dl. de porto / 20 cl. de crème / 1 l. de court-bouillon / Sel / Poivre / 8 tranches de pain de mie.

Faire tremper les ris de veau dans de l'eau froide renouvelée plusieurs fois. Ajouter le vinaigre dans la dernière eau. Les égoutter. Les ébouillanter. Enlever les peaux et les filaments.

Plonger les ris dans le court-bouillon refroidi. Porter lentement à ébullition et laisser frémir 10 minutes. Les égoutter et les couper en tranches.

Faire revenir les escalopes de ris de veau et les champignons émincés dans 40 g. de beurre et l'huile. Réserver au chaud.

Déglacer la poêle avec le porto. Ajouter la crème. Fouetter la sauce pour la rendre onctueuse. Y mettre les ris. Rectifier l'assaisonnement si nécessaire.

Faire dorer les tranches de pain de mie dans le reste de beurre. Placer les ris sur les toasts chauds. Napper de sauce et servir aussitôt.

Terrine de ris de veau

Prép. : 45 mn. Cuiss. : 2 h.
Repos : 24 h. - 8 pers.

2 kg. de bajoue de porc / 1 kg. de ris de veau / 2 échalotes / 6 œufs / 5 cl. de cognac / 2 l. de court-bouillon / 40 g. de beurre / 1 cuil. à soupe d'huile / 1 morceau de couenne de lard frais / 1 feuille de laurier / Sel / Poivre.

Couper la bajoue en morceaux. Saler avec 35 g. de sel. Laisser reposer 24 heures.

Faire cuire les ris de veau 1 heure au court-bouillon. Les égoutter.

Passer la bajoue au hachoir, trous moyens. Ajouter 4 g. de poivre. Ajouter les 6 œufs battus et le cognac. Bien mélanger.

Faire revenir les ris de veau dans le beurre et l'huile. Ajouter les échalotes émincées. Flamber au cognac.

Dans une terrine beurrée, verser une couche de préparation. Ranger les ris de veau dessus et couvrir avec le reste de préparation. Couvrir avec le petit morceau de couenne et un morceau de laurier. Fermer hermétiquement et faire cuire au four, th. 7 (210° C), au bainmarie pendant 1 heure.

Rognons blancs sur canapés

Prép. : 10 mn. Cuiss. : 20 mn.
4 pers.

2 rognons blancs / 50 g. de beurre / 1 cuil. à soupe de persil haché / 1 gousse d'ail / Sel / Poivre / 1 verre de vin blanc sec / 1/2 l. de court-bouillon / 25 g. de beurre / 4 tranches de pain de mie / Sel / Poivre.

Chauffer le vin et le court-bouillon. Saler et poivrer. Laisser bouillir 15 minutes puis y faire cuire les rognons 2 minutes. Les égoutter et les couper en tranches.

Faire revenir ces tranches dans le beurre chaud. Couvrir de persil et d'ail hachés.

Servir immédiatement sur les tranches de pain passées au beurre.

Frivolités Denise

Prép. : 20 mn. Cuiss. : 2 mn.
4 pers.

2 rognons blancs / 1,5 dl. de vinaigre / 50 g. de beurre / 1 gousse d'ail hachée / 1 cuil. à soupe de persil haché / 2 cuil. à soupe de crème.

Faire bouillir 1/2 l. d'eau avec le vinaigre. Y mettre à cuire les rognons 2 minutes. Les retirer et les rafraîchir sous un filet d'eau froide.

Les couper en tranches. Les faire revenir au beurre. Saupoudrer d'ail et de persil. Napper de crème.

Servir dans des assiettes préalablement chauffées.

Brochettes de rognons au whisky

Prép. : 15 mn. Cuiss. : 15 mn.
4 pers.

12 rognons d'agneau / Crépine de porc / 4 tranches de lard fumé / 4 petites tomates / Moutarde / Sel / Poivre / Huile / Whisky.

Nettoyer les rognons. Les fendre en 2. Retirer tous les nerfs. Faire tremper la crépine de porc dans de l'eau tiède pendant 5 minutes. La couper en 24 morceaux. Entourer de crépine chaque demi-rognon.

Composer les brochettes en alternant rognons, tomates et dés de lard. Enduire le tout de moutarde et d'huile. Saler et poivrer.

Faire cuire les brochettes au gril une dizaine de minutes. Les retirer, les arroser de whisky et les servir immédiatement.

Brochettes de rognons d'agneau

Prép. : 30 mn. Cuiss. : 5 mn.
4 pers.

8 rognons d'agneau / 12 petites saucisses "chipolatas" / 2 poivrons / 2 tomates / 1 gros oignon / Sel / Poivre / Huile / 1 boîte de tomates pelées / 2 gousses d'ail / 2 échalotes / Beurre / Thym / Laurier / 1 verre de vin blanc sec / 200 g. de riz créole cuit.

Hacher les échalotes et l'ail. Les faire fondre dans le beurre chaud. Ajouter le vin blanc, les tomates pelées, le thym et le laurier. Laisser cuire et réduire.

Nettoyer les rognons. Les couper en 2. Couper les poivrons, les tomates et l'oignon en morceaux. Préparer les brochettes avec ces morceaux en intercalant les petites saucisses.

Huiler les brochettes. Les assaisonner de sel et de poivre. Les faire griller.

Mouler le riz dans des petits ramequins beurrés. Les passer quelques minutes au four. En démouler 1 sur chaque assiette. Napper de sauce. Servir avec 1 brochette à côté.

Rognons d'agneau en persillade

Prép. : 30 mn. Cuiss. : 5 mn.
4 pers.

12 rognons d'agneau / 1 bouquet de persil / 6 échalotes / 4 gousses d'ail / 2 cuil. à soupe d'huile / 150 g. de beurre / Sel / Poivre.

Dégraisser les rognons. Les couper en 2. Enlever la membrane du tour et la partie dure et blanche du milieu.

Faire chauffer l'huile et 50 g. de beurre dans une poêle à fond épais. Lorsque le mélange est bien chaud, y poêler les rognons assaisonnés. Les retirer et les garder au chaud.

Dans la poêle, ajouter le reste de beurre, les échalotes et les gousses d'ail hachées. Laisser cuire doucement 1 minute puis saupoudrer de persil haché. Répartir cette sauce sur chaque rognon et servir immédiatement.

Rognon de bœuf braisé ✕○

Prép. : 20 mn. Cuiss. : 15 mn.
2 pers.

1 rognon de bœuf / 50 g. de beurre / 1 cuil. à soupe d'huile / 1 cuil. à soupe de persil haché / 1 verre de vin rouge / 2 cuil. à soupe de vinaigre / 10 g. de farine / Sel / Poivre.

Nettoyer le rognon. Le faire blanchir à l'eau bouillante salée.

Fendre le rognon. Enlever le nerf au milieu et les parties blanches. L'éponger et le couper en tranches.

Faire revenir les tranches de rognon dans la matière grasse. Les retirer. Déglacer la poêle avec le vin et le vinaigre. Ajouter la farine délayée avec un peu d'eau. Saler et poivrer.

Mettre les tranches de rognon dans la sauce. Saupoudrer de persil. Laisser cuire 15 minutes et servir.

Pâtés aux rognons de porc

Prép. : 30 mn. Cuiss. : 30 mn.
4 pers.

400 g. de foie de porc / 200 g. de rognons de porc / 200 g. de viande de porc frais / 1 cuil. à soupe de marc / Sel / Poivre / 1 gousse d'ail / 1 cuil. à soupe de farine / 1 œuf / 1 crépine de porc / 100 g. de beurre.

Hacher finement le foie, les rognons, le porc frais et la gousse d'ail. Ajouter le marc, le sel, le poivre, l'œuf et la farine. Bien mélanger.

Former des boules. Les entourer de crépine et les disposer dans un plat allant au four. Les arroser de beurre fondu et les faire cuire 30 minutes au four, th. 7 (210° C).

Rognons de porc meunière

Prép. : 20 mn. Cuiss. : 5 mn.
4 pers.

4 rognons / 1 dl. de madère / 3 cuil. à soupe de coulis de tomate / 30 g. de beurre / 1 cuil. à soupe d'huile / Sel / Poivre.

Nettoyer les rognons. Les ouvrir en 2. Les faire revenir rapidement avec le beurre et l'huile quelques minutes de chaque côté. Les saler et les poivrer. Les réserver au chaud.

Déglacer la poêle avec le madère et le coulis de tomate. Laisser épaissir. Y remettre les rognons quelques secondes. Servir bien chaud.

Le riz créole accompagne parfaitement les rognons.

Omelette aux rognons

Prép. : 30 mn. Cuiss. : 7 mn.
4 pers.

2 rognons de porc / 8 œufs / 1 cuil. à soupe d'oignon haché / 60 g. de beurre / 2 cuil. à soupe d'huile / Sel / Poivre / 1 verre de vin blanc / 1 filet de vinaigre / Persil.

Faire dégorger les rognons dans de l'eau fraîche additionnée de vinaigre. Les retirer et les nettoyer. Les dénerver et les couper en lamelles.

Faire dorer l'oignon dans la moitié du beurre et 1 cuillerée d'huile. Ajouter les rognons. Les faire saisir sur feu vif. Saler et poivrer. Mouiller avec le vin. Laisser mijoter quelques minutes. Garder au chaud.

Battre les œufs. Incorporer le persil. Saler. Faire chauffer le reste du beurre et la cuillerée d'huile restante. Y faire cuire l'omelette en la laissant baveuse. Verser les rognons sur une moitié. Replier l'omelette.

Servir immédiatement.

Escalopes aux rognons de veau

Prép. : 45 mn. Cuiss. : 1 h. 30 mn.
4 pers.

4 escalopes de veau / 4 tranches de rognon de veau / 2 tranches de jambon fumé / 1 branche d'estragon / 70 g. de beurre / 2 carottes / 2 oignons / 2 poireaux / 1 verre de cognac / Bouillon / Sel / Poivre.

Saler et poivrer chaque escalope. Bien les aplatir. Disposer 1 tranche de rognon de veau, 1/2 tranche de jambon et quelques feuilles d'estragon sur chaque escalope. Les rouler et les ficeler.

Emincer les blancs de poireaux, les carottes et les oignons. Faire fondre 50 g. de beurre. Y faire revenir les légumes et laisser cuire doucement 30 minutes.

Faire dorer à part les paupiettes dans le reste de beurre et mouiller de bouillon à mi-hauteur. Saler et poivrer. Flamber au cognac. Laisser cuire à couvert 1 heure.

Servir immédiatement avec les légumes.

Rognon de veau au beurre moutardé

Prép. : 20 mn. Cuiss. : 5 mn.
1 pers.

80 g. de beurre / 1 rognon de veau / Chapelure / 1 cuil. à café rase de moutarde / 1 cuil. à café de persil haché / 1 cuil. à café de jus de citron / Sel / Poivre.

Nettoyer le rognon. Le fendre dans le sens de la longueur. Le dénerver. Le saler et le poivrer.

Faire ramollir 30 g. de beurre au bain-marie. Ajouter la moutarde, le persil haché et le jus de citron. Saler et poivrer. Bien mélanger.

Passer chaque morceau dans le reste de beurre fondu, puis dans la chapelure et à nouveau dans le beurre. Faire griller 5 minutes de chaque côté.

Pour servir, répartir le beurre moutardé sur les 2 demi-rognons.

Rognon de veau à l'étouffée

Prép. : 40 mn. Cuiss. : 35 mn.
2 pers.

1 rognon de veau non dégraissé / 1 crépine de porc / 20 g. de beurre / Baies de genièvre / Sel / Poivre.

Dégraisser partiellement le rognon en laissant une enveloppe de 1 cm d'épaisseur. Conserver la graisse et la couper en lamelles de 1 cm d'épaisseur. Fendre et dénerver l'intérieur du rognon. Saler et poivrer. Y glisser quelques baies de genièvre et le beurre.

Placer les lamelles de graisse autour du rognon. Poser la crépine à plat. Y déposer quelques baies de genièvre et le rognon. Fermer la crépine et la ficeler. Poivrer et saler le tout.

Déposer le rognon et le restant de graisse dans une cocotte allant au four. Mettre sur feu moyen pour débuter la cuisson. Retourner après 5 minutes. Couvrir et mettre au four préchauffé, th. 7 (210° C). Laisser cuire environ 30 minutes en le retournant régulièrement.

Le détailler en escalopes et le servir immédiatement.

Rognons de veau au madère

Prép. : 15 mn. Cuiss. : 7 mn.
4 pers.

2 rognons de veau / 100 g. de beurre / 1 cuil. à soupe d'huile / 1 dl. de madère / 1 dl. de vin blanc sec / Sel / Poivre.

Couper les rognons en 2. Les dégraisser. Les couper en dés.

Faire dorer les rognons dans 50 g. de beurre et l'huile. Les réserver au chaud en les couvrant.

Ajouter dans la poêle la moitié du beurre restant. Déglacer avec le vin et laisser légèrement réduire. Ajouter le madère.

Hors du feu, incorporer le reste de beurre en lamelles. Assaisonner. Fouetter et napper les rognons de sauce pour servir.

Rognons de veau aux champignons

Prép. : 30 mn. Cuiss. : 15 mn.
4 pers.

2 rognons de veau / 3 échalotes / 1 boîte de champignons / 15 cl. de porto / 1 cuil. à soupe de beurre / 1 cuil. à soupe d'huile / Sel / Poivre / 1 cuil. à soupe de persil / 5 tomates.

Monder les tomates. Les épépiner et les concasser. Dégraisser les rognons. Les couper en 4 puis enlever les nerfs. Les découper en cubes.

Faire fondre le beurre avec l'huile dans une cocotte à fond épais. Y faire sauter à feu vif les cubes de rognon. Ajouter les échalotes émincées, les tomates concassées, le sel, le poivre et les champignons émincés. Faire cuire à feu doux 10 minutes.

Ajouter le porto. Prolonger la cuisson 2 minutes. Saupoudrer de persil. Servir immédiatement.

Rognons aux 3 moutardes

✕ ∞

Prép. : 20 mn. Cuiss. : 25 mn.
6 pers.

3 rognons de veau / 200 g. de beurre / 1 cuil. à soupe d'huile / 2 cuil. à soupe de moutarde à l'estragon / 2 cuil. à soupe de moutarde au paprika / 2 cuil. à soupe de moutarde au vinaigre / 2 cuil. à soupe de cognac / 2 cuil. à soupe de vin blanc sec / 4 cuil. à soupe de crème fraîche / 2 jaunes d'œufs / Sel / Poivre.

Faire revenir les rognons entiers dans 50 g. de beurre et l'huile pendant 5 minutes. Saler et poivrer. Prolonger la cuisson à feu doux, 15 minutes, en couvrant.

Au bain-marie, mélanger les moutardes, le cognac et la moitié du beurre restant en lamelles en fouettant constamment, sans laisser bouillir. Ajouter le vin blanc, la crème et le reste de beurre.

Dès que le mélange est homogène, ajouter les jaunes d'œufs battus en fouettant.

Couper les rognons. Les mettre dans un plat allant au four. Les napper de sauce et mettre quelques minutes au four, th. 6 (180° C), avant de servir.

Rognons à la moutarde

✕ ∞

Prép. : 10 mn. Cuiss. : 4 mn.
4 pers.

2 rognons de veau / 30 g. de beurre / 2 cuil. à soupe de moutarde / 4 cuil. à soupe de crème fraîche / Sel / Poivre.

Couper les rognons en 2 et les débarrasser de leur graisse. Les faire sauter dans le beurre chaud pendant 3 à 4 minutes. Les retirer et les tenir au chaud.

Déglacer la poêle avec la crème et la moutarde mélangées. Vérifier l'assaisonnement et verser la sauce sur les rognons.

Rognons de veau braisés

Prép. : 10 mn. Cuiss. : 40 mn.
4 pers.

4 rognons de veau / 2 oignons émincés / 3 carottes émincées / 2 échalotes hachées / 1 bouquet garni / 250 g. de champignons / Beurre / 1 pincée de moutarde / 1 cuil. à soupe de beurre manié (30 g. de beurre + 30 g. de farine) / 1 bouteille de bon vin rouge / 1 verre de porto / 1 louche de bouillon bien épicé / Sel / Poivre.

Nettoyer les rognons de façon à ne laisser qu'une légère couche de graisse autour.

Beurrer un plat allant au four et y disposer les oignons, les carottes et les échalotes. Saler et poivrer. Placer les rognons dessus et mettre à four chaud 15 minutes en les retournant fréquemment.

Lorsqu'ils sont bien dorés, les mettre dans une cocotte avec le vin et le bouillon. Laisser cuire à feu doux 15 minutes.

Retirer les rognons. Les dégraisser. Les fendre en 2 et les couper en tranches. Les réserver au chaud. Réduire le jus de moitié. Le passer au chinois.

Faire revenir les champignons émincés dans du beurre. Les ajouter au jus de cuisson avec la moutarde et le porto. Remettre les rognons dans cette sauce. Laisser mijoter 10 minutes.

Rectifier l'assaisonnement. Ajouter au dernier moment le beurre manié. Mélanger.

Servir très chaud avec des croûtons.

Rognons de veau sautés

Prép. : 20 mn. Cuiss. : 5 mn.
4 pers.

2 rognons de veau / 1 cuil. à café de persil haché / 1 gousse d'ail / 80 g. de beurre / 1 cuil. à soupe d'huile / Sel / Poivre.

Enlever la peau fine qui entoure les rognons. Les ouvrir pour retirer la graisse et les parties nerveuses. Les couper en morceaux.

Faire revenir ces morceaux dans 60 g. de beurre et l'huile chaude en remuant pendant environ 5 minutes. Ils doivent rester rosés.

Ajouter le reste de beurre en petits morceaux, l'ail et le persil hachés. Saler et poivrer. Servir immédiatement.

On peut faire cuire les rognons dans leur graisse de protection et ne les dégraisser qu'ensuite.

Rognons Laurence

Prép. : 10 mn. Cuiss. : 10 mn.
4 pers.

2 rognons de veau / 10 cl. d'armagnac / 1 cuil. à soupe d'huile / 25 g. de beurre / 2 échalotes / 1 cuil. à soupe de moutarde / 1 dl. de crème / Sel / Poivre.

Nettoyer les rognons. Les couper en cubes et les faire revenir à l'huile. Déglacer à l'armagnac. Laisser cuire 5 minutes.

Faire revenir les échalotes hachées dans le beurre et les ajouter aux rognons. Saler et poivrer. Hors du feu, lier la sauce avec 1 cuillerée de moutarde délayée avec la crème. Servir aussitôt.

Rognons Véronique

Prép. : 10 mn. Cuiss. : 10 mn.
4 pers.

2 rognons de veau / 1 cuil. à soupe d'huile / 30 g. de beurre / 2 oignons / 1 cuil. à soupe de farine / 1/2 boîte de champignons / 15 cl. de vin blanc sec / 1 gousse d'ail hachée / 1 cuil. à café de persil haché.

Faire revenir les oignons émincés dans le beurre et l'huile. Ajouter les rognons nettoyés et coupés en cubes et les champignons émincés. Saupoudrer de farine. Bien remuer puis mouiller avec le vin.

Pour servir, saupoudrer d'ail et de persil hachés.

Il est conseillé de servir à table le même vin que celui utilisé pour le plat.

Tête de veau

Prép. : 20 mn. Cuiss. : 2 h. 30 mn.
6 pers.

1 tête de veau prête à cuire / 1 citron / 1 blanc de poireau / 1 bouquet garni / 2 clous de girofle / 2 carottes / Vinaigre / Farine / Sel / Poivre.

Faire dégorger la tête de veau sous l'eau froide vinaigrée. L'égoutter et la citronner entièrement.

La déposer dans un faitout. La couvrir entièrement d'eau. Délayer 1 cuillerée de farine et 1 cuillerée de vinaigre par litre d'eau. Ajouter le bouquet garni, le sel et le poivre, les clous de girofle, les carottes et le poireau émincés. Laisser cuire 2 heures 30 minutes.

Egoutter la tête. La couper en tranches épaisses. Servir avec une sauce bien relevée.

Fromage de tête de porc

Prép. : 1 h. Cuiss. : 2 h. 20 mn.
Repos : 4 h. - 10 pers.

1/2 tête de porc / 4 pieds de porc / 1 verre de vinaigre / 1/2 l. de vin rosé / 2 échalotes / 1 gousse d'ail / 1 gros oignon / 2 feuilles de laurier / Sel / Poivre.

Mettre la viande à dégorger pendant plusieurs heures dans de l'eau froide renouvelée. Egoutter et faire cuire le tout dans de l'eau additionnée de vinaigre.

Jeter l'eau. Retirer et remettre la tête et les pieds de porc dans un faitout rempli aux 3/4 d'eau. Ajouter le sel, le poivre et 1 feuille de laurier. Laisser cuire jusqu'à ce que la viande se détache des os. Laisser refroidir.

Retirer la viande, la détacher des os et la couper en dés. Passer le bouillon au chinois.

Remettre la viande désossée et le bouillon dans une bassine avec le vin rosé et, dans un nouet, 1 gousse d'ail, les échalotes et 1 feuille de laurier. Faire cuire le tout 20 minutes.

Vérifier l'assaisonnement en goûtant. Retirer le nouet et mettre en terrine. Laisser refroidir puis mettre au réfrigérateur.

Tétine

Prép. : 5 mn. Cuiss. : 6 mn.
4 pers.

4 tranches de tétine / 2 dl. de crème / 1 cuil. à soupe de moutarde / 1 cuil. à soupe de persil haché ou de fines herbes / 1 cuil. à soupe d'huile / 20 g. de beurre / Sel / Poivre.

Faire revenir au beurre et à l'huile les tranches de tétine 3 minutes de chaque côté.

Dans un bol, battre la crème, la moutarde et les fines herbes. Saler et poivrer. Déglacer la poêle avec le mélange.

Servir immédiatement.

Tripes à la sauce tomate

Prép. : 30 mn. Cuiss. : 3 h. 45 mn.
10 pers.

3 kg. d'abats blancs (tripes et gras double) / 2 pieds de veau / Vin blanc sec / 100 g. de lard gras fumé / 10 oignons / 1 clou de girofle / Sel / Poivre / Muscade / 10 tomates / 1 boîte de concentré de tomate / 10 carottes / 2 feuilles de laurier / 1 bouquet garni / 1 gousse d'ail.

Mettre les abats dans un faitout. Les couvrir d'eau froide. Porter à ébullition. Egoutter. Rincer immédiatement à l'eau froide et égoutter.

Découper les abats en fines lamelles et les pieds de veau en morceaux. Mettre le tout dans un faitout et couvrir moitié eau, moitié vin blanc. Porter à ébullition. Faire cuire doucement pendant 2 heures. Ajouter le lard coupé en dés, les oignons émincés, le concentré de tomate, les carottes coupées en rondelles, la muscade et, dans un nouet, la gousse d'ail non pelée, le bouquet garni, les feuilles de laurier et le clou de girofle. Faire cuire doucement 1 heure 30 minutes puis ajouter les tomates pelées, épépinées et concassées.

Peser le tout et assaisonner à raison de 18 g. de sel et 1 g. de poivre par kilo. Prolonger la cuisson 15 minutes.

Rillettes

Prép. : 40 mn. Cuiss. : 4 h.
10 pers.

1 kg. de gras de porc coupé en lamelles / 500 g. de viande maigre de porc coupée en lamelles / 2 verres de vin blanc / 1 bouquet garni / Epices / 2 gros oignons émincés.

Dans une cocotte à fond épais, faire mijoter pendant 4 heures tous les ingrédients en remuant régulièrement.

A la fin de la cuisson, enlever le bouquet et écraser la viande à la fourchette. Enlever la graisse et la réserver.

Remplir des pots de rillettes et sur chacun, couler une couche de graisse.

Garder au réfrigérateur.

Salade de cervelas

Prép. : 15 mn.
4 pers.

2 cervelas / 3 échalotes / 1 cuil. à café de persil / 1 cuil. à café de ciboulette / 2 belles tomates / 1 laitue / Vinaigrette.

Nettoyer et laver la salade. La mettre dans un saladier. Retirer la peau des cervelas. Les couper en fines rondelles. Les déposer sur la salade.

Ajouter les échalotes et les herbes hachées, les tomates épépinées et coupées en cubes. Assaisonner le tout de vinaigrette.

A servir en entrée.

Chipolatas en feuilleté

Prép. : 20 mn. Cuiss. : 15 mn.
1 pers.

2 petites saucisses chipolatas / 100 g. de pâte feuilletée / 1 jaune d'œuf / 1 salade verte.

Etaler la pâte feuilletée. La découper en lanières plus larges que les chipolatas.

Entourer chaque saucisse de pâte. Badigeonner le dessus au jaune d'œuf battu. Faire cuire au four, th. 8 (240° C), 15 minutes.

Servir accompagné d'une salade verte.

Quenelles de viande

Prép. : 45 mn. Cuiss. : 30 mn.
6 pers.

500 g. de viande de porc / 500 g. de veau / 2 tranches de mie de pain / 2 œufs / Sel / Poivre / Persil / 2 cuil. à soupe de farine / 1 bol de sauce tomate / 2 l. de court-bouillon.

Hacher les viandes. Ajouter la mie de pain émiettée, les œufs, la farine, le sel, le poivre et le persil haché. Façonner des boulettes de la taille d'un œuf. Les rouler dans la farine.

Faire cuire les quenelles dans le court-bouillon 30 minutes. Les égoutter et les servir accompagnées de la sauce tomate.

Saucisson en brioche

Prép. : 20 mn. Cuiss. : 30 mn.
6 pers.

250 g. de farine / 1 pincée de sel / 1 paquet de levure chimique / 25 cl. de crème / 3 œufs / 1 saucisson à l'ail / 20 g. de beurre.

Faire pocher le saucisson à l'eau bouillante quelques minutes. Enlever la peau.

Mélanger la farine, le sel, la levure, la crème et les œufs battus. Bien travailler la pâte puis la verser dans un moule à cake beurré.

Enfoncer le saucisson tiède dans la pâte jusqu'à ce qu'il soit recouvert. Mettre à cuire au four, th. 7 (210° C), 30 minutes. Démouler et servir chaud ou tiède.

TABLE DES RECETTES

Pages

Dépôt légal 2e trim. 1990 - Imp. n° 1 730

ISBN 2-7372-2054-8

Imprimé en C.E.E.